Los chicos: Matías y Brayan

Story by: Jennifer Degenhardt

Illustrated by: Abigail Han

Puentes
Bibliosimple

For Isaías and Candelaria, José and Tara.
There is no story here – literally – if not
for you. *Los amo.*

ÍNDICE

AGRADECIMIENTOS

This story is based on two boys that I know very well and whom I adore. When I wrote the original story (on which this one is based), Matías and Brayan had not yet met. It's been several years since the event that inspired the original story, but I remain thankful to the boys and their parents for allowing me to include them both in my writing. So, thank you to Matías and Brayan and their parents, Tara and José, and Isaías and Candy.

Huge thanks are in order for the artwork that Abigail Han created for this story. Since Abigail had already read the original story in one of my courses, she knew exactly what images were central to telling this get-to-know-the-characters version. They are amazing! Thank you so much, Abigail!

El chico se llama Matías.

Él tiene siete (7) años.

Tiene pelo negro y ojos azules.

Es un chico feliz.

Matías es de Nueva York.

Nueva York está en los Estados Unidos.

Matías es estadounidense.

Él es de Nueva York y vive en una casa.

La casa es pequeña y azul.

Es perfecta.

Matías vive en la casa azul con su familia.

Vive con sus padres y su hermana.

Su familia es pequeña.

Matías es muy activo.

Tiene muchas actividades.

Una actividad es tocar el piano.

A Matías le gusta tocar el piano.

Toca el piano muy bien.

Le gusta la música.

A Matías le gustan los deportes también.

Le gusta el lacrosse.

Le gusta jugar el lacrosse.

Le gusta jugar el lacrosse con sus amigos.

Pero su deporte favorito es el fútbol.

A Matías le gusta mucho el fútbol.

Le encanta el fútbol.

Le encanta jugar al fútbol.

Matías juega al fútbol con sus amigos.

También le gusta mirar el fútbol.

Le gusta mirar los partidos profesionales.

A Matías le gusta jugar y mirar al fútbol.

Le gusta mirar los partidos profesionales.

Le gusta mirar el fútbol en su iPad.

Matías mira muchos partidos en su iPad.

A Matías le encanta el fútbol.

Todos los días lleva un uniforme de fútbol.

Le gusta el equipo de Real Madrid.

Le gusta el uniforme blanco de Real Madrid.

El jersey es blanco y los pantalones cortos
son blancos también.

Le gusta el equipo de Real Madrid, pero su equipo favorito es FC Barcelona, o Barça.

Le gusta llevar los uniformes de Barça.

Lleva los uniformes mucho.

Le gusta llevar el uniforme celeste de Barça, pero el uniforme celeste no es su favorito.

Este es el uniforme regular de Barça.

El jersey es rojo y azul y los pantalones cortos son azules.

A Matías le gusta mucho este uniforme.

Le encanta llevar este uniforme.

Lleva este uniforme mucho.

Es su uniforme favorito.

A Matías le gustan los uniformes de los equipos profesionales. Le gustan los colores.

Le gusta llevar uniformes de los equipos diferentes, pero Barça es su equipo favorito.

Le encanta llevar el uniforme regular de FC Barcelona.

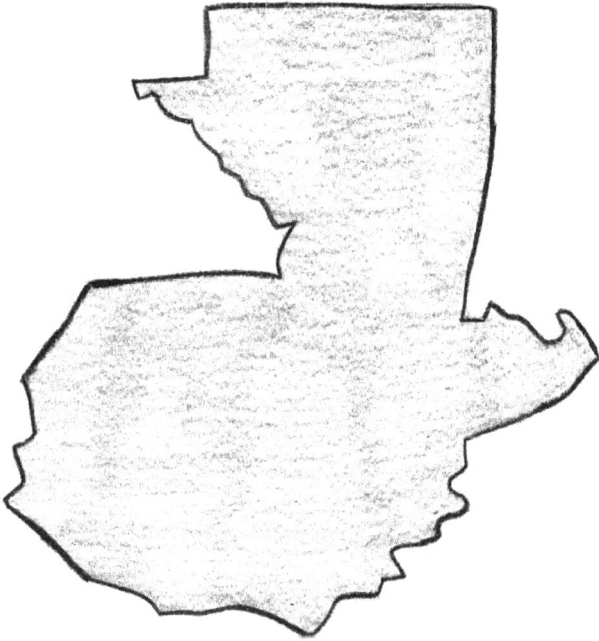

Todos los años, Matías va a Guatemala con su familia.

La familia va para visitar a la familia en Guatemala.

La familia va a Guatemala en avión.

La familia va de Nueva York a la ciudad de Guatemala.

En el avión, Matías mira muchos videos de fútbol profesional en su iPad.

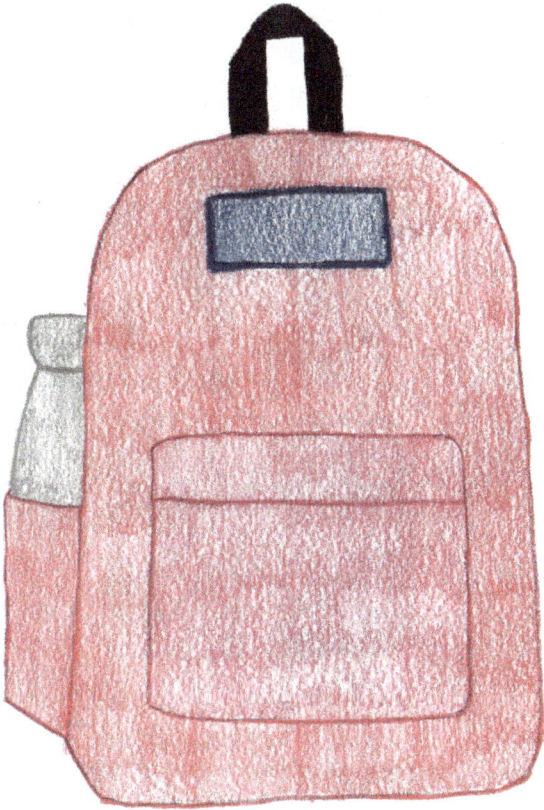

Matías tiene una mochila.

La mochila es roja.

Tiene la mochila roja para ir a Guatemala.

Tiene la mochila para todos sus uniformes de los equipos profesionales.

En la mochila, Matías tiene el uniforme blanco de Real Madrid.

También tiene el uniforme celeste de Barça.

Pero quiere llevar el uniforme regular de FC Barcelona.

—Mamá, ¿dónde está mi uniforme rojo y azul de Barça?

—Matías, el uniforme rojo y azul está en Goodwill. El uniforme es pequeño para ti.

—Pero, mama, ¡quiero el uniforme rojo y azul para Guatemala!

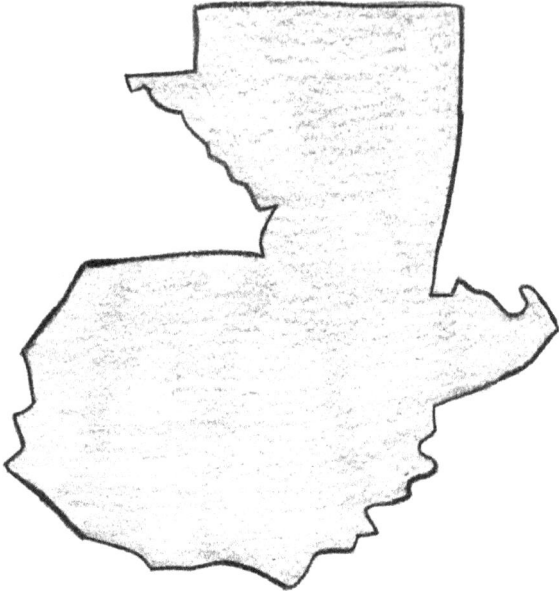

Matías quiere llevar el uniforme de Barça en Guatemala.

Pero el uniforme está en Goodwill.

Está feliz de ir a Guatemala, pero no tiene su uniforme favorito y está triste.

Matías NO está feliz.

Es un problema.

El chico se llama Brayan.

Él tiene seis (6) años.

Tiene pelo negro y ojos marrones.

Es un chico feliz.

Tiene una camiseta verde con
Sponge Bob, pero quiere un jersey.

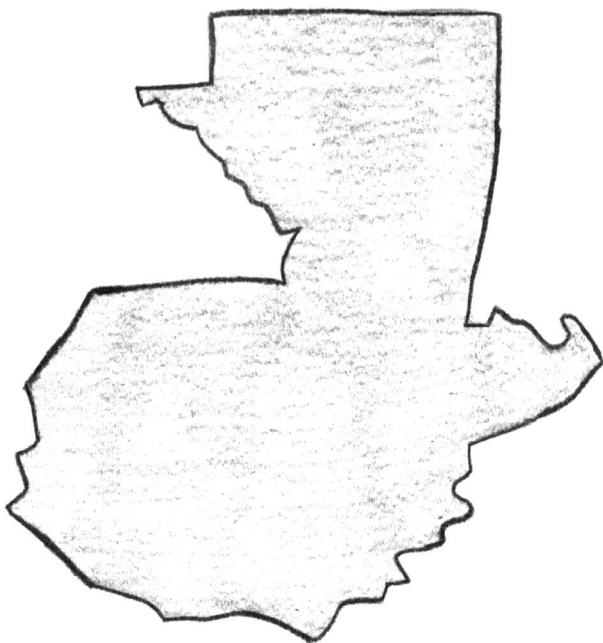

Brayan es de Guatemala.

Guatemala está en Centroamérica.

Brayan es guatemalteco.

Él es de Guatemala, y vive en un pueblo.

El pueblo se llama Jaibailito.

Jaibalito está en lago Atitlán.

Brayan vive con su familia en el pueblo de Jaibalito.

La familia es pequeña: los padres de Brayan y Brayan.

Brayan no tiene un hermano y no tiene una hermana.

Brayan es muy activo, pero no tiene muchas actividades.

A Brayan le gusta la música, pero no toca el piano.

A Brayan le gustan los deportes, pero no le gusta jugar el lacrosse.

No juega al lacrosse con sus amigos.

Pero, le gusta mucho el fútbol.

Le encanta el fútbol.

Le encanta jugar al fútbol.

Brayan juega al fútbol con sus amigos.

Es su deporte favorito.

A Brayan le gusta mirar los partidos profesionales.

Pero no mira el fútbol en su iPad.

Brayan mira los partidos profesionales en la televisión.

Los padres de Brayan trabajan.

Ellos trabajan en un hotel.

El hotel se llama La Casa del Mundo.

Los padres de Brayan trabajan mucho.

Ellos tienen dinero para la familia,
pero no tienen dinero extra.

Un día Brayan va al muelle con su mamá.

—Mamá, es mi cumpleaños. Quiero un jersey. Quiero un jersey de FC Barcelona. ¿Por favor?

Brayan quiere un jersey para su cumpleaños. Pero, la familia no tiene dinero extra.

Es un problema.

GLOSARIO

The translations provided are specific to the context in which they are used in this book.

A

a - to, at
actividad(es) - activity(ies)
activo - active
al - to the, at the
amigos - friends
(Lago) Atitlán - Lake Atitlán
avión - plane
azul(es) - blue
años - years

B

(FC) Barcelona - professional football (soccer) club in Barcelona, Spain
bien - well
blanco(s) - white

C

camiseta - T-shirt
casa - house
Casa del Mundo - hotel on Lake Atitlán
celeste - light blue
Centroamérica - Central America
chico - boy
ciudad - city
con - with
(pantalones) cortos - shorts
cumpleaños - birthday

D

de - of, from
del - of/from the
deporte(s) - sport(s)
diferentes - different
dinero - money

día(s) - day(s)
dónde - where?

E
el - the
él - he
ellos - they (m.)
en - in, on
(le) encanta - he loves (it is very pleasing to him)
equipo(s) - team(s)
es - is
Estados Unidos - United States
estadounidense - from the United States
este - this
está - is
extra - extra

F
familia - family
(por) favor - please
favorito - favorite
FC - abbreviation for football club

feliz - happy
fútbol - soccer

G
Goodwill - an organization in the United States tha accepts used clothing and other items and offers them for resale at a discounted price.
Guatemala - country in Central America
guatemalteco - Guatemalan
(le) gusta - he likes (it is pleasing to)
(le) gustan - he likes (they are pleasing to)

H
hermana - sister
hermano - brother
hotel - hotel

I

iPad - iPad tablet
ir - to go

J

Jaibalito - small town on Lake Atitlán in Guatemala
jersey - jersey
juega - he plays (sports)
jugar - to play

L

la - the
lacrosse - lacrosse
Lago Atitlán - Lake Atitlán
le - to him
(se) llama - he calls himself
lleva - he wears
llevar - to wear
los - the

M

mamá - mom

marrones - brown
mi - my
mira - he watches
mirar - to watch
mochila - backpack
mucha/o(s) - much, a lot
muelle - dock
muy - very
música - music

N

negro - black
no - no
Nueva York - New York

O

o - or
ojos - eyes

P

padres - parents
pantalones cortos - shorts
para - for
partidos - games
pelo - hair

pequeña/o - small
perfecta - perfect
pero - but
piano - piano
por favor - please
problema - problem
profesional(es) -
    professional
pueblo - town

Q
quiere - he wants
quiero - I want

R
Real Madrid -
    professional
    football (soccer)
    club in Madrid,
    Spain
regular - regular
roja/o - red

S
se llama - he calls
    himself
seis - six
siete - seven

son - are
su(s) - his

T
también - also
televisión - television
tiene - he has
tienen - they have
toca - he plays
    (instrument)
tocar - to play
    (instrument)
todos - all
trabajan - they work
triste - sad

U
un/a - a, an
(Estados) Unidos -
    United States
uniforme(s) -
uniforms

V
va - he goes
verde - green
videos - videos

visitar - to visit
vive - he lives

Y

y - and

Te toca a ti (Your turn!)

Given the images in the story, see what you can remember about it! You can either retell the story by writing or by telling it to someone else.

Matías

44

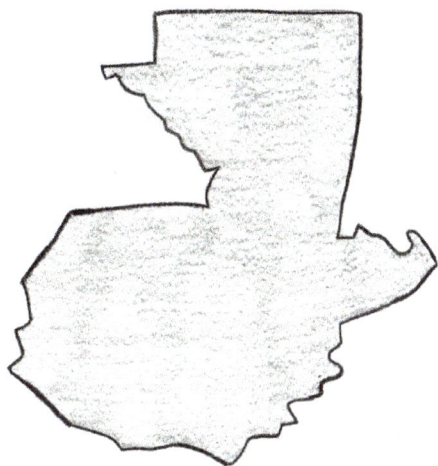

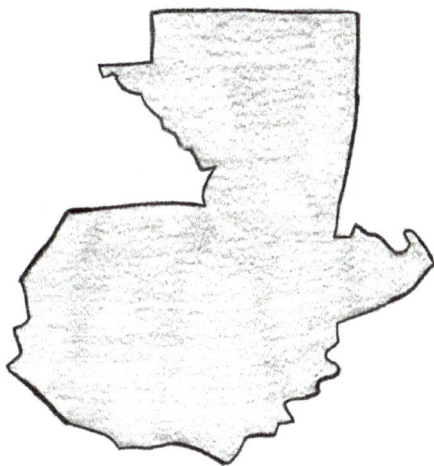

Te toca a ti (Your turn!)

Given the images in the story, see what you can remember about it! You can either retell the story by writing or by telling it to someone else.

Brayan

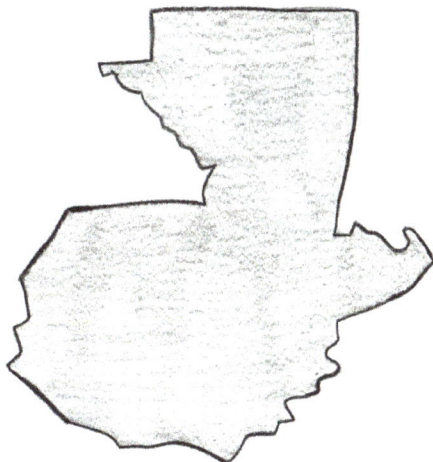

Find out what happens next in the full
story by reading

El jersey.

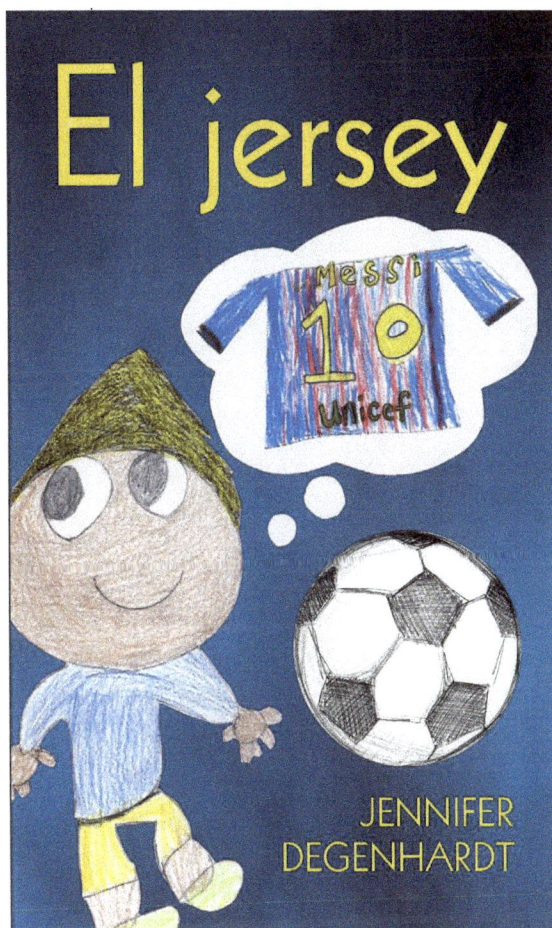

Then practice the past tense by reading

¿Qué paso con el jersey?

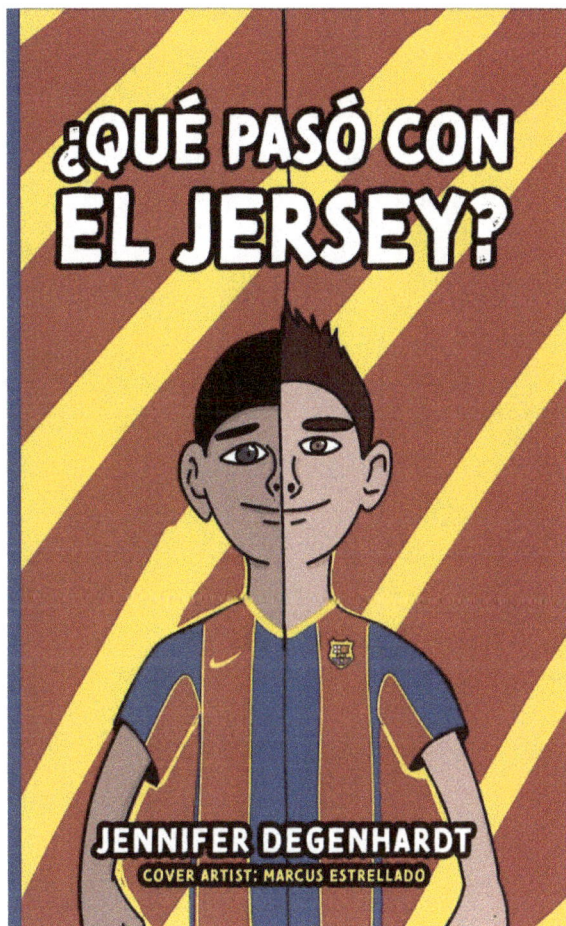

¿QUÉ PASÓ CON EL JERSEY?

JENNIFER DEGENHARDT

COVER ARTIST: MARCUS ESTRELLADO

ABOUT THE AUTHOR

Jennifer Degenhardt taught high school Spanish for over 20 years and now teaches at the college level. At the time she realized her own high school students, many of whom had learning challenges, acquired language best through stories, so she began to write ones that she thought would appeal to them. She has been writing ever since.

Other titles by Jen Degenhardt:

Sancho en San Juan
Los chicos: Matías y Brayan
La chica nueva | La Nouvelle Fille | The New Girl | Das Neue Mädchen | La nuova ragazza
La invitación | L'invitation | The Invitation | L'invito | Die Eindalung
Salida 8 | Sortie no. 8 | Exit 8
Raíces
Chuchotenango | La terre des chiens errants | La vita dei cani | Dogland
Pesas | Poids et haltères | Weights and Dumbbells | Pesi
Moda personal | Style personnel
LUIS, un soñador | Le rêve de Luis | Luis, the DREAMer

El jersey | The Jersey | *Le Maillot*

La mochila | The Backpack | *Le sac à dos*

Moviendo montañas | *Déplacer les montagnes* | Moving Mountains | *Spostando montagne*

La vida es complicada | *La vie est compliquée* | Life is Complicated

El verano de las oportunidades | Summer of Opportunities

Clic o no clic: la decisión final | *Cliquer ou ne pas cliquer : la décision finale*

El Mundial | *La Coupe du Monde* | The World Cup | *Die Weltmeisterschaft in Katar 2022* | *La Coppa del Mondo*

Quince | Fifteen | *Douze ans*

El viaje difícil | *Un voyage difficile* | A Difficult Journey

La niñera | The Nanny

¡¿Fútbol...americano?! | *Football...américain ?!* | Soccer->Football??!!

Era una chica nueva

Levantando pesas: un cuento en el passado

La vida era complicada

Se movieron las montañas

Fue un viaje difícil

¿Qué pasó con el jersey?

Cuando se perdió la mochila

Con (un poco de) ayuda de mis amigos | With (a little) Help from My Friends | *Un petit coup de main amical* | *Con (un po') d'aiuto dai miei amici*

La última prueba | The Last Test

Los tres amigos | Three Friends | *Drei Freunde* | *Les trois amis*

La evolución musical

María María: un cuento de un huracán | María María: A Story of a Storm | *Maria Maria: un histoire d'un orage*

Debido a la tormenta | Because of the Storm

La lucha de la vida | The Fight of His Life

Secretos | *Secrets (French)* | Secrets Undisclosed (English)

Como vuela la pelota

60

Cambios | *Changements* | <u>*Changes*</u>
De la oscuridad a la luz | <u>*From Darkness into Light*</u> | *Dal buio alla luce* | *De la obscurité à la lumière* | *Aus der Dunkelheit ins Licht*
El pueblo | <u>*The Town*</u> | *Le village*

@<u>jendegenhardt9</u>

@PuentesLanguage

@jendegenhardt

World LanguageTeaching Stories (Facebook group)

Visit www.puenteslanguage.com to sign up to receive information on new releases and other events.

Check out all titles as ebooks with audio on www.digilangua.co.

ABOUT THE ILLUSTRATOR

Hi, I am Abigail Han, and I am a college student pursuing a degree in Agriculture, Health, and Natural Resources, with a strong passion for environmental sustainability and public well-being. I am particularly interested in the intersection of science and sustainability, exploring innovative solutions to promote ecological health and responsible resource management. Beyond my academic pursuits, I enjoy expressing my creativity through drawing, using art as a way to capture the beauty of nature, convey emotions, and bring my drawing and imagination to life. Whether sketching landscapes, designing characters, or experimenting with different styles, I find drawing to be a relaxing and fulfilling creative outlet. I also enjoy engaging with interactive storytelling in video games and spending quality time with my dog.